LA

QUESTION DE DEMAIN

Bruxelles.—Imprimerie de J. H. BRIARD, 51, rue des Minimes.

LA

QUESTION DE DEMAIN

ESQUISSE D'UNE NOUVELLE ORGANISATION
POLITIQUE ET SOCIALE

PAR

BOICHOT

REPRÉSENTANT DU PEUPLE A L'ASSEMBLÉE LÉGISLATIVE EN 1849

BRUXELLES
CHEZ TOUS LES LIBRAIRES

1869

AU LECTEUR.

I

Nous ne sommes point de ceux qui maudissent la France parce qu'elle semble avoir perdu la conscience de sa mission ; nous savons qu'elle porte en elle le germe rénovateur, et que le moment approche où elle revendiquera les principes de liberté et de justice qui seuls feront sa gloire et sa puissance. Les succès momentanés de la dictature impériale peuvent éblouir les gens superficiels; mais en observant la marche du progrès à travers les âges, on reconnaît qu'en dépit des obstacles et des résistances, la Révolution suit son cours, tout en prenant des formes et des directions selon la diversité des temps et des lieux. Ne l'oublions pas cependant : les nations comme les individus font leurs destinées, et pour agir avec efficacité dans la solution des problèmes économiques posés par le génie du XIXe siècle, il faut que l'organisation sociale des peuples soit basée sur des lois rationnelles, positives, qui satisfassent à la fois les aspirations et les besoins nouveaux de l'humanité.

Dans l'état politique actuel de la France révolutionnaire, envisagée au point de vue de l'avenir, la question peut se diviser en deux phases bien distinctes : 1° la lutte matérielle, ou la destruction des priviléges et des monopoles ; 2° l'organisation politique et sociale. La première phase, qui se produit à des heures et dans des circonstances difficiles à déterminer, est une question de force ; la seconde phase s'accomplira par l'application de principes et de lois en harmonie avec la justice et d'accord avec l'intérêt général. C'est au développement de ces principes, à leur diffusion, à leur mise en pratique que doivent travailler tous les hommes ayant pour but l'affranchissement intellectuel et matériel de l'humanité. Voilà l'œuvre que nous esquissons dans cette étude, et qui comprend : 1° l'organisation de la commune ; 2° l'organisation nationale ; 3° l'organisation fédérale de l'Europe ; 4° l'exposé d'un projet de reconstitution de la force publique. Au lieu de créer ces institutions séparément, il nous a paru plus utile de les relier d'après un plan unitaire que la science indique et qui permettra au lecteur de les juger sur un travail d'ensemble.

La plupart des systèmes d'organisation militaire préconisés par les législateurs modernes nous semblent pécher par la base. En n'envisageant que la situation du moment, l'on ne prend qu'un côté de la question. C'est dans la réforme générale des institutions politiques et sociales qu'il faut chercher la véritable solution du problème ; c'est par des mesures qui s'associent aux libertés publiques qu'on créera la sécurité et l'indépendance nationale des peuples.

II

SITUATION ACTUELLE DE L'EUROPE. — NÉCESSITÉ D'UNE NOUVELLE ORGANISATION POLITIQUE ET SOCIALE.

Dans la conclusion d'un ouvrage publié en 1866, l'*Esquisse de l'Europe*, nous disions : Après avoir examiné les divers éléments qui constituent l'Europe, on reste convaincu que l'organisation politique actuelle de notre continent n'est plus en harmonie avec les idées et l'état social des peuples.

Depuis la Révolution de 1789, une grande modification s'est faite dans les esprits. L'idée de fraternité et de solidarité s'accuse chaque jour plus nettement ; la perception d'une destinée commune devient plus claire. Les distinctions nationales, les différences de langage, de mœurs, de coutumes, s'effacent graduellement. Les rivalités, les haines, les préjugés font place aux sentiments de justice et d'humanité. Les obstacles de tous genres qui entravent la liberté de l'individu et, par conséquent, celle des nations, disparaissent peu à peu. En même temps que le développement des lumières se produit, la diversité des caractères locaux s'affaiblit dans ce qu'ils ont de discordant et de tranché; les frontières perdent de leur valeur, et la politique tend partout à se mettre d'accord avec les enseignements de la nature.

Le mouvement qui s'opère a donc pour objet d'établir des lois générales, de réunir les divers éléments jusqu'ici antagonistes, de fusionner les races, de coordonner les rapports des peuples entre eux, de les harmoniser dans une même civilisation, en un mot, de leur ouvrir la voie commune du progrès universel.

A l'heure où nous écrivons ces lignes, l'Europe nous offre le spectacle d'un travail extraordinaire dans l'établissement d'un système d'équilibre. Les idées, les intérêts, les peuples comme les individus, tout s'agite, tout conspire pour le triomphe de cette œuvre, première grande étape vers l'unité du genre humain.

Mais, si l'unité de l'Europe est une idée de progrès, le temps de son organisation par la conquête est passé, quoi qu'on en dise. A l'avenir, on ne dominera plus les nations par la force des baïonnettes, mais par la puissance du droit, par la supériorité de l'intelligence et par la solidarité des intérêts. Pour être utiles et fécondes, les lois sociales ne doivent être le résultat ni de la violence, ni de la fantaisie. Le droit, la conscience éclairée des peuples, la justice, voilà les bases sur lesquelles il faut édifier le temple nouveau. Nous pouvons donc affirmer que l'Europe ne sera stable, calme et prospère, que le jour où elle aura satisfait aux exigences de l'opinion qui veut détruire l'antagonisme entre les États et constituer l'unité. Non pas l'unité qui se fonde dans l'uniformité, dans le despotisme, mais l'unité qui résulte de la diversité, de l'harmonie, c'est-à-dire en organisant la *Confédération républicaine démocratique et sociale de l'Europe.*

III

Confédération républicaine, démocratique et sociale de tous les peuples du globe.

—

PRINCIPES GÉNÉRAUX.

La démocratie a pour but d'établir, à l'aide et dans l'intérêt de tous, l'organisation politique et sociale. Malheureusement, la grande famille humaine a été jusqu'à ce jour constituée par quelques-uns, et au profit du petit nombre.

Les principes d'ordre naturel ne sont encore qu'à l'état de désir et d'aspiration chez les peuples. Il est temps de les introduire dans le domaine des faits. Pour cela, il faut au préalable qu'ils se manifestent dans quelques formules positives qui soient leur expression fidèle, et fassent converger vers un même but pratique les efforts des républicains démocrates socialistes de tous les pays.

Le vrai moyen de réaliser les grands principes de liberté, d'égalité, de fraternité et de solidarité universelles, se trouve dans la fédération républicaine, démocratique et sociale des peuples, ou la fondation des États-Unis d'Europe, fédérés avec ceux d'Amérique. Sans cette fédération des peuples, aucune nation de notre continent ne peut regarder sa liberté et son indépendance comme assurées, et la liberté, la souveraineté, l'autonomie, l'indépendance, sont elles-mêmes les conditions indispensables de leur fédération.

Bien que cette dernière, pour réaliser tous les avantages que la démocratie attend de son établissement, doive embrasser l'ensemble des peuples, elle peut commencer à se former entre un nombre restreint de nations. Deux États souverains indépendants et libres peuvent, en s'unissant par le lien fédéral, devenir le premier noyau de l'alliance générale, pourvu qu'ils respectent tous les droits primordiaux, naturels et individuels, antérieurs et supérieurs à la volonté humaine, qui doivent être reconnus et garantis par la constitution fédérale et respectés par toutes les institutions nationales.

L'individu sera naturellement le premier élément de l'association. Son premier groupe ou noyau sera la commune; la nation sera le second; viendra ensuite le troisième, ou la fédération européenne, et enfin le quatrième, la confédération générale du globe.

La liberté, l'égalité, la fraternité, la solidarité étant la base de la fédération générale des peuples, il est utile de préciser la valeur exacte et rigoureuse des mots qui composent cette formule. Ainsi, la liberté, c'est la pratique du droit, c'est-à-dire le libre exercice de toutes les facultés, ou le pouvoir d'agir, de se développer, de se manifester conformément à sa nature et à ses besoins; le droit, c'est le pouvoir de faire tout ce qui ne nuit à personne, c'est-à-dire ni à soi ni aux autres; il est antérieur et supérieur à la volonté humaine, à toute Constitution écrite et à toutes les lois; celles qui lui sont contraires sont des actes de violence et d'arbitraire auxquels personne ne doit obéir et contre lesquels l'insurrection est un devoir obligatoire.

L'égalité, c'est le pouvoir qu'ont tous les êtres humains d'être placés dans des conditions égales, de jouir des mêmes biens, des mêmes bénéfices, en rapport avec leurs besoins et leurs facultés, en un mot, des mêmes droits, sans aucune espèce de distinction, quels que soient leur sexe, leur race, leur naissance, leur force, leur intelligence, leur position sociale, etc. C'est le principe de justice à incarner dans l'humanité.

L'égalité comprend non-seulement l'égalité civile et politique, seule proclamée jusqu'à ce jour par les Constitutions les plus avancées, mais encore et surtout l'égalité économique et sociale, c'est-à-dire, pour chaque producteur, la jouissance intégrale du produit de son travail et par conséquent le droit à la vie, au travail, ou celui qu'ont tous les êtres humains à la possession des instruments de travail, à la matière première, au crédit, à l'échange libre des produits, à l'éducation, à l'instruction générale et professionnelle, sans lesquelles tous les autres droits ne sont rien.

La fraternité est le lien qui unit tous les hommes égaux et libres ; le principe de sociabilité ; le trait d'union, entre la liberté, ou le droit de chacun, et l'égalité, ou le droit de tous, qui au fond sont identiques et qui peuvent se résumer dans cette belle et simple formule : « Faites aux autres ce que vous voudriez qu'il vous fût fait. »

Enfin, la solidarité est la loi supérieure qui unit entre eux, d'une manière indissoluble, tous les membres de la grande famille humaine, et qui fait qu'on ne peut violer le droit d'un seul sans violer les droits de tous. Cette loi peut se formuler en ces quelques mots : « Un pour tous, tous pour un. »

La confédération du globe étant fondée sur ces principes, l'humanité ne comptera plus que des frères. Les fléaux, les plaies sociales qui la rongent, l'ignorance, le paupérisme, la misère, la prostitution, l'esclavage, le servage, le prolétariat, le militarisme, le cléricalisme, en un mot, le désordre politique et social, base des civilisations actuelles, disparaîtra comme un songe lugubre pour faire place au règne de l'harmonie et du bien-être universel.

PREMIÈRE PARTIE

Organisation républicaine, démocratique et sociale de la commune.

Depuis quelque temps surtout un trouble immense s'est emparé des esprits. L'Europe s'agite dans sa vieille civilisation, et demande à la science sociale les moyens d'opérer sa transformation. L'heure approche où la démocratie républicaine et socialiste devra résoudre les importants problèmes qui doivent assurer l'émancipation de chacun et le bien-être universel. La tâche sera rude mais féconde. Tracer les routes qui conduisent à l'avènement du monde nouveau, indiquer les évolutions que notre époque a mission d'accomplir, tel est le travail commandé par la Révolution et la science philosophique. Ce travail comporte avant tout l'organisation de la commune, principe de l'association nationale. Partant de cette base, les forces de la prochaine Révolution ne doivent plus être, comme par le passé, concentrées sur un seul point.

L'expérience nous démontre que les révolutions locales aboutissent presque toujours à l'avortement ou à la dictature. Aussi longtemps que la commune attendra son affranchissement d'une force autre que la sienne, elle restera soumise moralement et matériellement à la puissance qui l'aura délivrée. On l'a dit souvent et avec raison : la liberté que l'on acquiert sans efforts ne paraît jamais aussi précieuse que celle que l'on gagne au prix de ses labeurs et de son sang.

Le caractère universel de la Révolution républicaine démocratique et sociale exige que tout le monde prenne part à la lutte. Le profit devant être pour tous, il faut que les dangers et les périls soient partagés par tous. A l'avenir, il faut donc que la lutte contre le despotisme rassemble toutes les énergies populaires, toutes les forces vives de la nation. Cette participation directe des communes au mouvement général exercera une salutaire influence sur le développement de l'esprit public, et assurera d'une manière indestructible le succès de la Révolution.

Si, au Deux Décembre 1851, la plupart des communes en France avaient suivi l'exemple de résistance donné par quelques-unes, nous n'aurions pas à gémir aujourd'hui sous le poids d'une honteuse tyrannie. Il est temps de faire comprendre au peuple que partout il est majeur et souverain et que la gloire de combattre pour la Révolution ne doit pas être le privilége des grandes cités seulement.

Par suite de la trop grande centralisation, ou plutôt de l'absorption de la commune en France, il semble qu'elle ait perdu le sentiment de sa vie propre et qu'elle n'ait aucune conscience de sa force. Mais ceci n'est qu'apparent, et nous croyons qu'en réalité l'esprit communal s'est réveillé depuis la Révolution de Février, et que l'heure approche où chaque groupe jouera, dans la reconstitution du nouvel ordre social, le rôle qui lui appartient.

La commune ne peut être libre et puissante que par la combinaison des deux principes de fédération et d'indépendance communale. Le premier doit être l'élément qui unit entre elles toutes les parties de l'ordre social, de manière qu'aucune fraction de la société ne viole les lois naturelles, primordiales, conformes à la justice et au droit, sur lesquelles doit être basée la fédération.

Le second principe d'indépendance communale doit toujours sauvegarder la liberté et la souveraineté communale et individuelle.

I. — ORGANISATION GÉNÉRALE.

Les conditions à remplir pour fonder la nouvelle commune sont celles-ci : Former une circonscription assez limitée pour que tous les citoyens qui y résident puisse aisément combiner leur action sociale, connaître, diriger leurs communs intérêts, surveiller leurs agents et n'avoir qu'une seule administration, un seul collége, une seule banque, un seul tribunal. Faire une commune assez étendue, assez peuplée pour que le mouvement politique, scientifique, artistique, agricole, industriel et commercial y soit possible; pour que le sentiment, la pensée et le développement matériel du peuple y prennent des proportions en harmonie avec les besoins et les progrès rationnels de l'humanité; pour que les intérêts s'y agrandissent; pour que les lumières y pénètrent à flots et que les connaissances ne manquent ni à l'administration, ni à la population; enfin, pour que les écoles, les établissements de crédit, l'industrie et l'agriculture aient assez d'extension et soient des institutions importantes et dignes du peuple.

Dans l'organisation politique actuelle, les divisions territoriales sont trop grandes pour n'avoir qu'une seule administration, tandis que la commune est trop petite pour que son administration ait toute la valeur et la portée nécessaires, et que les habitants s'y élèvent au-dessus de l'esprit étroit de localité. C'est entre ces deux termes qu'il faut chercher la solution du problème de la nouvelle organisation.

Le groupe communal tel que nous voudrions l'établir existe, à peu près, dans l'organisation cantonale actuelle, qui offre en étendue et en population les quantités que nous croyons nécessaires à la formation de la commune-modèle.

Si, au lieu des 42,000 villages ou hameaux dont se compose la France, nous la divisons en 2,000 groupes environ, chaque section embrasserait une superficie moyenne de 185 kilomètres carrés, un rayon de 8 kilomètres et une population de 18,000 à 20,000 âmes, suffisamment agglomérée pour ses rapports administratifs, et pouvant fournir un nombre de 5,000 à 6,000 électeurs, une force armée de 4,000 hommes, 1,000 à 1,200 enfants de chaque sexe à l'enseignement public, et un nombre suffisant d'affaires pour une municipalité, un collége, une banque et un tribunal.

La propriété du sol doit appartenir à l'association nationale. La terre, comme l'air, la chaleur, l'eau et la lumière, constitue un des éléments essentiels à la vie de chacun : elle est par conséquent le trésor de la collectivité humaine. L'homme puise dans cette possession et dans les produits naturels du globe son droit à la vie, antérieur et supérieur à toute société, c'est-à-dire que tout être en naissant a un droit égal au complet développement de ses facultés morales et physiques. De là un système d'organisation sociale où chaque citoyen ait place aux sources de l'intelligence et où les instruments de travail ne soient le privilége de personne.

La possession du sol par la collectivité nationale n'implique pas la propriété collective des richesses agricoles, artistiques et industrielles. La propriété légitime, celle qui découle du droit naturel, réside dans la libre et entière jouissance par l'homme des fruits de son travail. La terre, les mers et l'atmosphère étant les sources de l'alimentation universelle, ne peuvent par conséquent jamais devenir propriétés individuelles. Le droit d'user et d'abuser de la possession du sol par les détenteurs, privilège accordé par toutes les civilisations antérieures, engendre la plupart des calamités qui affligent et désolent le monde.

La science est le régulateur suprême dans la nouvelle commune, et l'art doit s'y produire avec éclat et splendeur : une bibliothèque, un musée, des collections de tous genres, un théâtre, des salles de bal et de concerts, un gymnase, des établissements nautiques, un hippodrome, des promenades, des jardins d'agrément y apporteront les bienfaisantes récréations du corps et de l'esprit. L'industrie qui doit être attrayante et poétique, c'est-à-dire qui emploie le luxe et le plaisir comme stimulants, y aura ses monuments, ses fabriques, ses ateliers, ses usines, ses fermes-modèles, ses bazars, ses palais d'exposition, ses chemins de fer, ses télégraphes, etc. La vapeur, l'électricité, les machines (1), la navigation aérienne, la pho-

(1) Les machines qui dans notre siècle d'exploitation

tographie, toutes les merveilles que le travailleur découvre et enfante chaque jour, y exerceront leur puissance en raison des besoins de l'homme et de la nature des milieux; l'agriculture pourra s'y développer sur une grande échelle; en un mot, tout est préparé dans la nouvelle commune pour que la vie collective y soit énergique et qu'en même temps la liberté personnelle y soit entière.

II. — ORGANISATION SOMMAIRE.

L'organisation générale de la commune comprend : Le capital, le travail, l'enseigne-

sont souvent pour les malheureux ouvriers une cause de chômage, de misère et de ruine, deviendront au contraire dans l'avenir les plus puissants agents de prospérité et de bonheur. Grâce à la machine qui fonctionne sans jamais se lasser et s'épuiser, l'homme s'affranchira du travail forcé et prendra son véritable rôle, celui d'inventeur, de directeur et de surveillant. La machine, guidée par l'homme, fouillera les entrailles de la terre pour lui arracher ses trésors, ravira à l'Océan les immenses quantités d'aliments, poissons et coquillages, qu'elle cache sous ses vagues, et explorera le monde aérien qui deviendra tôt ou tard la grande voie de communication entre les différents peuples de la terre.

ment, la justice, les charges publiques, la force nationale, les finances, le crédit et l'échange.

CAPITAL.

Le capital social de la commune se compose des produits naturels du sol et du sous-sol, du capital mobilier et immobilier, produit du travail accumulé des générations passées.

TRAVAIL.

Le travailleur a droit au produit intégral de son travail, sauf la part destinée aux frais généraux de la société. Les produits naturels de la terre, réserve faite de la plus-value que leur ajoute la main d'œuvre, appartiennent de droit à la communauté. Le travail est libre; les travailleurs peuvent agir individuellement ou s'associer, mais l'association étant le vrai remède à opposer aux vices de la production, de la distribution et de la consommation des richesses, et le vrai moyen d'augmenter le bien-être, d'établir l'harmonie, l'abondance et le bonheur dans l'humanité, doit être le but de notre organisation. Il y aura donc, dans chaque commune, uneassociation scientifique, artistique, industrielle et agricole. On peut affirmer, en effet, que le progrès social ne se développe qu'en raison du degré de solidarité qui existe entre les hommes. L'individualisme est le ver rongeur de la société moderne ; il produit l'incohérence, le morcellement, l'antagonisme, la déperdition des forces, la concurrence, l'oppression, et réduit chacun à l'impuissance.

ENSEIGNEMENT.

L'enseignement doit être gratuit et obligatoire ; mais à côté de l'enseignement public, gratuit et obligatoire, de la commune, il y a l'enseignement libre. Chaque citoyen a le droit d'enseigner, aux seules conditions de publicité et de responsabilité. Le meilleur système d'enseignement est celui qui permet de donner l'éducation au foyer et l'instruction à l'école, d'avoir la vie de collège pendant le jour, et la vie de famille le soir.

L'instruction est scientifique, artistique, professionnelle, agricole. Elle est primaire, secondaire, supérieure, polytechnique, et doit être considérée comme un des agents les plus essentiels de la nouvelle organisation; instruction et travail, lumière et bien-être, moralité et indépendance, telle est la devise des novateurs socialistes.

Dans notre système, la morale a sa source dans l'homme et devient universelle; elle est la même pour toutes les contrées du globe; l'art trouve dans l'élévation des cœurs et de l'intelligence un idéal agrandi et des aspirations sublimes. C'est aux sources de la vérité que nous devons puiser nos enseignements. Expliquer à l'homme le riche cadre au milieu duquel il se développe, remplacer les conceptions fantaisistes et métaphysiques du passé par la connaissance des lois de l'univers et des phénomènes naturels, tel est le but qu'il faut atteindre. Mais il ne suffit pas que l'homme ait la science, il faut encore qu'il possède le sens moral qui est souvent plus utile que de le savoir. Former les mœurs et le caractère de l'homme, épurer ses sentiments, fortifier sa raison, est donc un devoir, autant que d'éclairer son intelligence.

JUSTICE.

Le pouvoir judiciaire est un des attributs de la souveraineté ; c'est la sanction du droit, l'exercice de la raison publique, de la conscience générale, constatant le bien et réprimant le mal. Le peuple a le droit de faire la loi et le pouvoir de l'appliquer. Tout citoyen doit être juré. Le jury décide de toutes les causes, criminelles, correctionnelles et civiles. Les juges chargés d'instruire la cause et de prononcer l'arrêt, sur la décision du jury, sont nommés par le peuple. Un jury de cassation est établi pour régulariser les arrêts. La justice est gratuite, mais les jurés et les juges sont rétribués par la communauté, en raison de leur temps et de leurs travaux. L'inviolabilité de la vie humaine étant proclamée, la peine de mort est abolie sous toutes ses formes. Les bagnes sont supprimés. La détention doit avoir pour but la réparation du méfait et la moralisation du coupable. Il ne sert à rien de punir un homme si on néglige de déraciner ses mauvais penchants. Le devoir de la société à l'égard du coupable est d'éclairer sa conscience. Le meilleur système pénitentiaire serait, à nos yeux, celui qui permettrait au détenu de vivre sous le soleil, au milieu des champs, dans des établissements agricoles, ou bien dans des ateliers industriels, suivant sa nature et ses capacités. En un mot, nous voulons la justice à la place de la vengeance.

CHARGES PUBLIQUES.

L'assurance mutuelle garantit les citoyens contre les fléaux et sinistres, inondations, incendies, naufrages, grêle, épidémies, chômages, etc.

FINANCES.

Le budget communal se compose du revenu naturel des biens communaux. Ce budget sert à l'exécution et à l'entretien des travaux d'utilité générale, tels que chemins de fer, canaux, télégraphes, postes, etc., à l'instruction publique, à la fondation d'établissements pour l'enfance, les vieillards et les infirmes, à l'organisation des divers services communaux.

CRÉDIT.

La mutualité et la réciprocité sont les sources du crédit. Le crédit est gratuit. Les travailleurs, en se créditant mutuellement, augmentent encore les moyens de production et d'échange. Des banques communales, succursales de la banque nationale, fondées par le capital social, sont chargées de distribuer le crédit aux individus et aux associations, afin d'assurer à tout être humain le droit de vivre en travaillant. Le producteur libre d'entraves profitera de toutes les richesses qui sortent de ses mains et de son intelligence. Ainsi sera détruit le salariat sous toutes ses formes.

ÉCHANGES.

Avec la banque, des entrepôts-bazars, des docks, seront établis dans les communes: chaque producteur viendra y échanger, au cours du jour et après estimation, ses produits contre d'autres produits dont il aura besoin. Les payements pourront être faits en papier-monnaie, warrants, coupons, lettres de change, bons au porteur, etc., afin de faciliter les transactions et de satisfaire tous les intérêts. Des bureaux de statistique, mercuriales, etc., sont installés près de ces établissements. Des expositions communales, nationales et universelles, sont établies pour les produits de l'agriculture, de l'industrie et des arts. La création des banques et des entrepôts-bazars permettra de supprimer tous les intermédiaires parasites.

CULTES.

Il n'y a plus de religion officielle. L'Église est complétement séparée de l'État. Le budget des cultes est aboli. Toutes manifestations extérieures d'exercices et de pratiques religieux sont interdites. La nouvelle organisation sociale garantit à l'individu la plénitude de la liberté de conscience qui lui donne le droit de croire, de nier et de douter, c'est-à-dire, le droit d'exprimer, de publier, de propager son doute ou sa foi, son affirmation ou sa négation.

III. — ORGANISATION POLITIQUE DE LA COMMUNE-CANTON.

Les citoyens d'une commune ont le droit de s'administrer, sans autres réserves que celles qu'exigent le respect de la liberté et les droits de chacun.

Tous les citoyens depuis l'âge de 20 ans sont électeurs et composent l'assemblée communale. Parmi les attributions de cette assemblée, nous citerons : la nomination et la révocation des fonctionnaires, la fixation du budget, le vote des recettes et des dépenses. Un conseil, annuellement nommé par tous les électeurs, composé de citoyens indéfiniment rééligibles et toujours révocables, forme le pouvoir exécutif de la commune. La législation directe, conséquence du suffrage universel, étant le vrai moyen d'exercer la souveraineté, le conseil n'aura d'autre autorité que celle de faire exécuter les lois, décrets et réglements votés par l'assemblée. Le pouvoir exécutif nomme son président, qui devient le premier magistrat de la commune.

Le conseil réuni discute les lois, et les soumet à l'examen et au vote de l'assemblée; il traite tout ce qui est d'intérêt communal, sans intervention d'aucune administration supérieure; il administre les biens communaux, les bois, les eaux, les champs, les bâtiments, les chemins vicinaux; les acquisitions, les aliénations, les échanges, la formation du budget des recettes et des dépenses, le crédit, la banque communale, le bazar, l'organisation intérieure des divers services. L'état civil, les naissances, les mariages et les décès entrent dans ses attributions ; il est chargé en outre de faire exécuter toutes les mesures de salubrité, d'hygiène, de police et de sûreté exigées par les circonstances.

IV.— ADMINISTRATION DES VILLAGES OU SECTIONS DE LA COMMUNE-CANTON.

Les communes actuelles qui ne sont pas désignées comme chefs-lieux de canton, prendront le nom de *section*. L'assemblée des sections est formée des citoyens majeurs appartenant à la section. Un conseil nommé par tous les électeurs administre et surveille les intérêts de la section. Ce conseil, composé d'un nombre de membres en rapport avec le chiffre de la population et les exigences du service, nomme un président, deux vice-présidents et un secrétaire. Ces fonctionnaires, placés sous l'autorité et la direction du conseil communal, enregistrent les naissances, les décès, président aux mariages, font exécuter les mesures d'ordre et d'intérêt local ; ils surveillent l'exécution des lois, décrets et règlements de l'assemblée communale, etc.

Des voies faciles de communication, des voitures publiques, des chemins de fer, des télégraphes relieront les sections de la commune au point central, et faciliteront les relations entre les citoyens du même groupe.

V. — ORGANISATION DE LA VILLE-CANTON.

Dans l'état actuel, les villes étant les centres d'initiative et de lumière qui rayonnent sur les campagnes, conservent leur unité. Chaque ville au-dessus de 50,000 âmes sera divisée en un nombre de sections en rapport avec le chiffre de sa population. Les délégués de chaque section se réuniront en une seule assemblée dont les attributions sont les mêmes que celles du conseil qui administre la commune-canton.

DEUXIÈME PARTIE

ORGANISATION NATIONALE. — POUVOIR CENTRAL. COMMUNES CONFÉDÉRÉES.

Le pouvoir central est chargé de relier les communes, de les maintenir sous le régime du droit commun et de sauvegarder l'application des principes de droit et de justice, base de notre système d'organisation sociale.

Au pouvoir central appartient la direction supérieure des esprits par l'enseignement ; à lui d'ouvrir sans cesse de nouvelles voies aux idées de progrès; à lui de disposer au profit de la société tout entière des découvertes et des perfectionnements de la science; à lui de changer les lois du monde économique et de poser les assises de la nouvelle organisation ; à lui de détruire l'oppression du capital en fondant à côté du crédit individuel le crédit public. L'établissement de la banque nationale et les assurances feront rentrer dans les mains de la collectivité, les mines, les routes, les chemins de fer, les canaux, etc. Cette expropriation pour cause d'utilité générale se fera conformément au principe de justice qui veut qu'une indemnité soit accordée aux détenteurs partout où il y aura des droits acquis.

Ces diverses fonctions attribuées au pouvoir central, ne le mettent nullement en possession du travail, de l'échange et des produits de l'agriculture, de l'industrie et des arts, qui ont toujours leurs racines dans la liberté individuelle et communale. Elles en sont seulement l'intermédiaire universel, dans l'intérêt et au profit de tous. Ces attributions mêmes ne sont que transitoires, et se modifieront en raison du développement des associations qui, en se reliant, deviendront solidaires, et constitueront elles-mêmes leur centre et leur unité. Mais en attendant un travail d'organisation plus scientifique et plus complet, le pouvoir national reste le pivot, le centre nécessaire de l'activité sociale dans cette sphère d'action qui a l'unité pour caractère indispensable.

Le revenu des propriétés nationales, la rétribution des services organisés, un impôt direct ayant pour base la fortune de chacun, sont les sources qui alimentent le budget du pouvoir central.

Notre organisation politique et sociale ne compte aucun pouvoir en dehors du peuple. La législation directe par le peuple, qui est la loi et le progrès, s'y exerce en tout et partout (1). Le peuple ne pouvant déléguer sa

(1) La législation directe par le peuple, qu'on appelait hier une utopie, est aujourd'hui une réalité. Plusieurs cantons de la Suisse, entre autre celui de Zurich, ont adopté ce système, préconisé par les Montagnards de 93, et développé de nos jours par Rittinghausen et Considérant : « Celui qui rêve, dit Victor Hugo, est le préparateur de « celui qui pense. Le réalisable est un bloc qu'il faut « dégrossir, et dont les rêveurs commencent le modelé. « Ce travail semble toujours insensé. La première phase « du possible, c'est d'être l'impossible... Épaississez tous « les songes, vous avez la réalité. Concentration auguste de « l'utopie, semblable à la concentration cosmique, qui de « fluide devient liquide, et de liquide solide. A un certain « moment, l'utopie est maniable; c'est là que le philosophe

souverainelé, fait toutes ses affaires importantes lui-même, et nomme les membres du pouvoir central.

Le pouvoir central est composé d'un délégué de chaque commune ; ils se réunissent à Paris et forment l'assemblée nationale. Ces dé-

« la quitte et que l'homme d'État la prend, l'homme « d'État n'étant que le deuxième ouvrier. »

C'est une utopie! Voilà ce que nous répondent invariablement les privilégiés et les satisfaits, chaque fois que nous demandons la réforme des abus les plus criants. Plus d'armée permanente, plus de campagnes ruinées, de villes saccagées, de richesses anéanties, de flots de sang répandu. Utopie! Si nous réclamons la lumière à la place des ténèbres, l'instruction à la place de l'ignorance, la raison, la science, à la place du fanatisme et des préjugés, utopie! Si nous demandons que le bien-être règne à la place de la misère; que l'abondance succède à la stérilité, l'harmonie à la discorde, le droit commun au privilége, la fraternité à l'égoïsme, la justice à l'arbitraire, utopie! utopie! C'était aussi le refrain répété en 1789 par les conservateurs féodaux, quand nos pères dénonçaient et attaquaient les monstrueuses iniquités du système social alors en vigueur. Dans l'espace de quelques années, l'Océan révolutionnaire avait submergé le vaisseau du vieux monde; l'ère du droit et de l'égalité était fondée. L'utopie de la veille était devenue une éclatante réalité du lendemain. Ainsi en arrivera-t-il du système politique et économique qui régit la société moderne, en ce qu'il a de faux et d'anti-juridique.

légués, nommés pour deux ans, rééligibles et toujours révocables, sont chargés de préparer les lois et de les soumettre à la sanction du peuple, de rendre des décrets, de nommer les fonctionnaires de l'administration générale, et de diriger la marche des divers services.

Chaque année, l'assemblée nationale nomme son président, chargé de remplir les fonctions de premier magistrat de la République. L'assemblée se forme en comités spéciaux. Chaque comité nomme son président. Les élus des comités deviennent les directeurs ou ministres des différents services. Ils sont responsables devant l'assemblée, et toujours révocables par elle.

L'assemblée nationale aura sous sa direction :

La législation, ou préparation des lois ;

Les affaires extérieures ;

L'instruction publique ;

La justice ;

Les beaux-arts ;

Les finances et contributions publiques ;

Les assurances ;

Les domaines de l'État, bibliothèques, musées, arsenaux, expositions, etc. ;

La banque nationale ;

Les monnaies, les poids et mesures ;

La statistique ;

Les travaux publics, mines, canaux, routes, chemins de fer, télégraphes, postes, endiguements, desséchements, irrigations, défrichements, déboisements, reboisements, drainage, etc. ;

La marine et les colonies ;

La force publique ;

Le budget.

Le pouvoir central aura un représentant dans chaque commune, ayant pour mission de surveiller l'application des lois, l'exécution des travaux d'utilité publique, et d'assurer la marche régulière des divers services nationaux. Des ingénieurs, des commandants militaires, des administrateurs seront répartis dans des circonscriptions dont l'étendue sera en rapport avec les exigences et les nécessités de la nouvelle organisation. Nous arrivons ainsi à décentraliser la France sous le rapport administratif, sans rompre l'unité politique de la nation. Nous accordons à l'administration centrale le pouvoir de diriger les intérêts communs de toutes les parties du pays, et nous laissons la liberté entière aux intérêts purement spéciaux de se développer suivant la loi des mœurs, des habitudes ou des convenances locales. Ces idées, conformes à la logique, à l'histoire et à la nature, renferment, à nos yeux, le salut du monde.

TROISIÈME PARTIE

—

ÉTATS-UNIS DE L'EUROPE

—

Pouvoir fédéral.

ORGANISATION SOMMAIRE.

L'organisation fédérale de l'Europe repose sur les principes républicains que nous avons définis dans le chapitre premier (1).

Une assemblée composée de délégués des

(1) La Suisse, composée de vingt-deux petites républiques, variées de formes, de mœurs, de langages, et ayant conservé leur autonomie, offre une image, un modèle en miniature, de la grande confédération qui doit unir tous les peuples de l'Europe.

4.

États qui forment la confédération, constitue le pouvoir central de l'Europe. Son autorité dans les questions d'ordre général est supérieure à celle des États particuliers, et ses décrets sont obligatoires pour tous. Les principales attributions de cette assemblée sont de veiller à l'inviolabilité du pacte fédéral, à l'exécution des lois et au maintien des rapports harmoniques entre les diverses parties de l'union; il propose à la sanction des États toutes les mesures d'intérêt commun; il relie en un grand faisceau les divers services publics, tels que routes, canaux, chemins de fer, télégraphes, postes, statistiques, etc.; il fonde l'unité de monnaie, de poids et mesures; il facilite les relations industrielles et commerciales par l'abolition des douanes et par la suppression des droits de toutes sortes qui entravent la libre circulation des produits.

Une force armée de terre et de mer, non permanente, fournie par chaque État confédéré en raison du chiffre de sa population, peut être requise en cas de danger à l'extérieur ou de violation du pacte fédéral par un ou plusieurs membres de la confédération.

Tout en se constituant fédérativement dans le but de se garantir réciproquement leur indépendance et de régulariser leurs rapports internationaux, les peuples de l'Europe ont en vue un objet plus large et moins personnel : c'est la propagation universelle des principes philosophiques dans les pays encore soumis à la barbarie et à la sauvagerie.

Ainsi sera résolu le problème de l'organisation démocratique et sociale des peuples. Du concours de toutes les forces, de l'harmonie de tous les efforts, de la satisfaction de tous les intérêts légitimes, du rayonnement universel des lumières naîtront l'ordre, la paix et la prospérité générale. Si nous ne pouvons pas franchir d'un seul bond l'espace qui nous sépare de la vérité absolue, entrons du moins résolument dans la voie qui nous y mène et travaillons avec ardeur à faire pénétrer dans les esprits et ensuite dans les faits les principes qui doivent être la pierre angulaire des institutions nouvelles.

QUATRIÈME PARTIE.

De l'armée.

I

Maintenant que nous avons exposé notre idéal, il nous reste à examiner une question d'utilité pratique, celle des armées permanentes, et de rechercher quel est le meilleur système d'organisation de la force publique, qui doit mettre chaque citoyen à même de sauvegarder ses droits et sa liberté.

Dégagé de toutes préoccupations exclusives, nous exprimons notre pensée avec la plus entière indépendance. Ayant fait partie de l'armée dans notre jeunesse, nous avons subi, malgré nous, les influences funestes du militarisme. Mais grâce au travail, à l'observation et à l'expérience, nous avons pu soustraire notre esprit aux excitations de la vie de caserne, déchirer le masque qui couvre les erreurs, les préjugés, et pénétrer les mystères d'iniquité des armées permanentes.

Au temps où nous avons vécu sous les drapeaux, dans la période de 1830 à 1848, l'armée active représentait assez bien l'ensemble de la société. La conscription, base du système de recrutement, amenait sous les armes, dans des proportions différentes, il est vrai, des fils de bourgeois, des paysans et des ouvriers, tous pris au hasard dans les villes et les campagnes. Les engagés volontaires, formant catégorie à part, étaient, en grande majorité, des jeunes gens instruits, poussés par l'ambition ou entraînés par de fausses idées de gloire nationale : ils étaient la partie la plus intelligente et la plus remuante de l'armée. Une autre catégorie, celle des remplaçants, n'exerçait que peu ou point d'influence. Chaque année, les jeunes soldats nouvellement incorporés apportaient dans les rangs les opinions et les sentiments du dehors, ce qui entretenait un courant d'idées et des aspirations de réformes que les traditions militaires et les rigueurs de la discipline ne parvenaient point à détruire. C'est ainsi qu'à la fin du règne de Louis-Philippe on rencontrait déjà un certain nombre de militaires qui réclamaient la transformation des armées permanentes en milices nationales.

La Révolution de février, malgré son origine populaire et ses tendances sociales, ne fut, en définitive, qu'un changement de gouvernement. Le pouvoir fut modifié dans sa forme, mais ses rapports avec la société restèrent ce qu'ils étaient antérieurement. L'armée active, instrument de réaction par excellence, fut respectée dans ses priviléges et son organisation monarchique. Dans un livre intitulé *la Révolution dans l'armée*, nous avons signalé les manifestations démocratiques faites par les soldats pendant la période de 1848. Nous avons dit comment les militaires républicains avaient essayé de régénérer l'armée par le renvoi des chefs les plus impopulaires. Les évènements ont prouvé, une fois de plus, qu'il ne sert à rien de frapper les hommes sans changer les institutions. Ne jetons pas, dit un philosophe célèbre, notre geôlier à la prison dont nous venons de sortir, mais démolissons-la, afin qu'on n'y enferme plus personne. Les révolutions périssent plutôt par manque d'idées et de principes que par excès de clémence et de générosité.

II

Le vent de l'avenir souffle à la paix, et cependant, du midi au nord de l'Europe, on n'entend que le bruit des armées des despotes. Les forces destructives s'accroissent chaque jour dans des proportions formidables. Des millions d'ouvriers et de paysans, debout, fusil en mains, sont prêts à s'ébranler et à s'entr'égorger. Comprimés partout, les travailleurs regardent avec crainte et angoisse les préparatifs du massacre, et semblent ne plus reconnaître le chemin de la Révolution. A l'heure où nous écrivons ces lignes, une explosion terrible se prépare, elle est prochaine, et l'Europe nous offrira encore une fois l'effroyable tableau d'un vaste champ de ruine et de carnage. La plupart des gouvernements, fondés par la violence et la ruse, sont en opposition avec les aspirations, les idées et les besoins matériels de notre époque. Aucun d'eux ne représente le droit nouveau et ne possède la confiance des peuples. Pour se soutenir, ils sont obligés d'entretenir des armées permanentes, composées de mercenaires ou de soldats que le hasard et la force amènent dans les rangs. Cet antagonisme entre les gouvernements et les peuples est une des causes principales qui troublent et agitent les nations de notre continent. Disons-le cependant : si depuis 1848 la Révolution a été vaincue dans les faits, si comme nous l'avons indiqué, son action est restée sans effets immédiats sur le sort des classes laborieuses, elle a semé des germes que l'avenir fécondera, son esprit se répand dans les masses et pénètre chez les soldats eux-mêmes. En France, en dehors des hommes de l'Empire, nul ne rêve un pouce de conquête. Le peuple français est donc admirablement préparé à la grande œuvre historique qui l'attend, et s'il comprend bien sa mission, essentiellement humanitaire, il proclamera non-seulement sa propre délivrance, mais encore celle des peuples opprimés.

En face de l'Europe despotique, armée contre la liberté, il n'y a qu'un moyen qui satisfasse à toutes les conditions et à tous les intérêts de la démocratie : c'est dans les circonstances graves l'appel au pays, la levée en masse, l'organisation des volontaires, l'armement général de la nation. Le sang versé dans les batailles n'est fécond que lorsqu'il coule pour la défense de la justice, et des citoyens libres et égaux sont seuls capables de ce sacrifice volontaire. Les soldats de la royauté, les armées permanentes de tous les temps et de tous les pays, ont été et seront éternellement les ennemis de la liberté et du droit commun. Accoutumés à l'obéissance passive, habitués à exécuter aveuglement les ordres qu'ils reçoivent, ils ne peuvent supporter le gouvernement républicain, où tout se fait par examen et discussion. Les préjugés ont tellement faussé les esprits et dénaturé le sens moral des armées, que non-seulement le soldat s'honore de porter l'uniforme, mais encore qu'il se croit le défenseur de son pays, le soutien du peuple, tandis qu'il n'est que l'instrument qui sert à l'opprimer, à le mettre ou à le maintenir dans la servitude. Rappelons-nous que, sous la république comme sous la monarchie, la liberté a toujours péri par la main des chefs militaires. Quand la force aveugle joue le principal rôle dans le gouvernement des sociétés, il ne faut pas s'étonner si le métier des armes est regardé comme un des plus dignes et des plus respectables. N'avons-nous pas sous nos yeux l'étrange phénomène d'un grand nombre de gens qui bénissent leur chaîne et se font gloire de la porter? Une des plus funestes conséquences de l'odieuse tyrannie est de dégrader l'homme et d'anéantir la puissance de ses plus belles facultés. A la longue, elle nous façonne au joug, et ses actes les plus arbitraires nous laissent indifférents et nous semblent même ceux d'un pouvoir légitime. C'est ainsi qu'à l'appel du gouvernement impérial, de nombreux projets de réorganisation militaire sont venus en aide à la pensée despotique de l'homme du Deux-Décembre ; mais les peuples, mieux éclairés, finiront par comprendre que, quel que soit leur mode d'organisation, les armées permanentes sont des créations virtuellement mauvaises, semblables à ces plantes parasites qui étouffent l'arbre dont elles ravissent les sucs nourriciers ; ils savent déjà par de terribles expériences que les armées permanentes amènent forcément la guerre, et que la guerre, utile peut-être à l'ambition, aux intérêts des privilégiés et des dynasties, est toujours un fléau, une calamité pour les travailleurs. « La guerre, quand elle n'est pas le droit de légitime défense ou la force mise au service de la justice, est une iniquité, un crime contre l'humanité. » « Un peuple qui marche dans le sang finit toujours par y glisser et tombe dans la tyrannie. » « La gloire militaire est un piége éternellement tendu à la liberté ; le bruit des fanfares est le silence de la pensée. » « La guerre, dit Émile de Girardin, c'est le meurtre; la guerre, c'est le vol ; c'est le meurtre, c'est le vol enseignés et commandés aux peuples par leurs gouvernements ; c'est le meurtre, c'est le vol blasonnés, dignifiés et couronnés ; c'est le meurtre, c'est le vol, moins le châtiment et la honte, plus l'impunité et la gloire ; c'est le meurtre, c'est le vol, soustraits à l'échafaud par l'arc de triomphe ; c'est l'inconséquence légale, car c'est la société ordonnant ce qu'elle défend et défendant ce qu'elle ordonne, récompensant ce qu'elle punit et punissant ce qu'elle récompense, glorifiant ce qu'elle flétrit, flétrissant ce qu'elle glorifie, le fait étant le même, le nom seul étant différent. »

Fénélon : « Voilà donc les maux que la guerre entraine après elle. Quelle fureur aveugle pousse les malheureux mortels! Ils ont si peu de jours à vivre sur la terre! Ces jours sont si misérable! pourquoi précipiter une mort si prochaine? pourquoi ajouter tant de désolations affreuses à l'amertume de cette vie si courte? Les hommes sont tous frères et ils s'entre-déchirent. Les bêtes farouches sont moins cruelles qu'eux. Les lions ne font point la guerre aux lions, ni les tigres aux tigres; ils n'attaquent que les animaux d'espèces différentes. L'homme seul, malgré sa raison, fait ce que les animaux sans raison ne firent jamais. Mais encore pourquoi ces guerres? N'y a-t-il pas assez de terres dans l'univers pour en donner à tous les hommes plus qu'ils n'en peuvent cultiver? Combien y a-t-il de terres désertes! Le genre humain ne saurait les remplir. Quoi donc! une fausse gloire, un vain titre de conquérant qu'un prince veut obtenir, allume la guerre dans des pays immenses! Ainsi un seul homme en sacrifie tant d'autres à sa vanité; il faut que tout périsse, que tout nage dans le sang, que tout soit dévoré par les flammes, que tout ce qui échappe au fer et au feu ne puisse échapper à la faim encore plus cruelle, afin que cet homme qui se joue de la nature entière trouve dans cette destruction générale son plaisir et sa gloire. Quelle gloire monstrueuse! Peut-on trop abhorrer et trop mépriser des hommes qui ont tellement oublié l'humanité? Non, non, bien loin d'être des demi-dieux, ce ne sont pas même des hommes, ils doivent être même en exécration dans tous les siècles dont ils ont cru être admirés. »

« On a calculé, dit Victor Hugo, qu'en salves, politesses royales et militaires, échange de tapage courtois, signaux d'étiquettes, formalités de rades et de citadelles, levers et couchers de soleil salués tous les jours par toutes les forteresses et tous les navires de guerre, ouvertures et fermetures des portes, etc., etc., le monde civilisé tirait à poudre par toute la terre, toutes les 24 heures, 150,000 coups de canon inutiles : à 6 francs le coup de canon, cela fait 900,000 francs par jour, 300 millions de francs par an qui s'en vont en fumée. Ce n'est qu'un détail. Pendant ce temps-là les pauvres meurent de faim ! »

Un statisticien allemand, M. Haussener, a publié les chiffres suivants des pertes d'hommes dans les guerres qui ont désolé l'Europe pendant les dernières années :

« Les différentes guerres qui ont affligé l'Europe, depuis 1815 jusqu'en 1864, ont causé la mort de 2,762,000 hommes, dont 2,148,000 européens et 614,000 d'autres parties du monde ; soit une moyenne de 43,700 hommes par an. Dans ces chiffres ne sont pas compris les décès provoqués par les épidémies résultant de la guerre. Les guerres les plus sanglantes pendant la période ci-dessus ont été les suivantes : la guerre d'Orient, qui a coûté la vie à 508,600 hommes ; soit, 256,000 Russes, 98,000 Turcs, 107,000 Français, 45,000 Anglais et 2,600 Italiens. Pendant les guerres du Caucase, de 1829 à 1860, il est tombé 330,000 hommes. La révolte aux Indes orientales, de 1857 à 1859, a causé la mort de 196,000 hommes. La guerre entre la Russie et la Turquie, de 1820 à 1859, de 193,000 hommes. L'insurrection de Pologne, en 1831, de 190,000 hommes.

Les diverses campagnes d'Afrique, de 1830 à 1850, ont coûté à la France la perte de 146,000 hommes. L'insurrection de la Hongrie a coûté la vie à 142,000 hommes. La guerre d'Italie a fait tomber 129,870 soldats, dont 96,874 sont morts sur les champs de bataille des suites de leurs blessures et 33,000 d'autres maladies épidémiques causées par ladite guerre.

Le nombre total des décès d'hommes, en Europe, dans les guerres de 1792 jusqu'à 1815, a été de 5,530,000, ce qui donne pour ces 23 années une moyenne de 240,434 par an. »

A la suite de la dernière guerre aux États-Unis, le gouvernement américain a acheté 6,075 membres artificiels, destinés aux soldats devenus invalides. Il y avait 2,134 bras, 3,784 jambes, 44 mains, 9 pieds et 104 autres parties corporelles diverses. Cet assortiment a coûté 357,628 dollars.

En présence de ces tristes fruits de la guerre, il devient urgent de briser avec la routine. Le devoir est de marcher résolument au but. Il faut couper le mal à sa racine.

Jusqu'à présent, l'homme destiné à la paix et au travail n'a su organiser ses forces que pour la destruction, mais grâce au progrès de la science et de la raison, la force aveugle a cessé de dominer les consciences et les temps guerriers touchent à leur fin. La raison du plus juste vaut mieux que la raison du plus fort. L'agrégation des peuples par la conquête n'est plus possible. Au lieu de combattre ses semblables, l'homme doit organiser sa puissance contre la matière. Le meilleur moyen de conquérir un point du globe, est de défricher les terres incultes, d'abolir la servitude, de détruire la superstition et le parasitisme.

Mais, nous dira-t-on, la tyrannie étant partout en armes, comment la Révolution opérera-t-elle la délivrance, sans armées façonnées à la discipline et vieillies sous l'uniforme? D'abord, les armées permanentes, l'histoire l'atteste, n'ont jamais sauvé aucun peuple des invasions étrangères, tandis que par leur résistance aux volontés nationales elles ont accompli la plupart des contre-révolutions. Il n'y a que les nations qui puisent en elle-même leur énergie, qui sachent conquérir et conserver leur indépendance. A cette heure, on peut mesurer la somme de liberté que chaque pays possède; elle est en raison inverse du nombre de ses soldats. Sans doute la France doit avoir une force armée, personne ne le nie; mais une force démocratique non permanente, c'est-à-dire la nation armée, luttant à l'intérieur pour le maintien de ses droits et laissant aux volontaires le soin des évolutions à l'extérieur. Ainsi, dans notre système, le rôle de la force armée doit se réduire à la défense de la Patrie et de la République. Des légions de volontaires voleront au secours des peuples qui réclameraient notre aide; en France, il y aura toujours assez de dévouement à la cause humanitaire et la Révolution n'y manquera jamais de défenseurs.

En résumé, mise en pratique de ce principe égalitaire : « Tous citoyens soldats, tous soldats citoyens; » l'impôt du sang, payé aujourd'hui par quelques-uns, est dû par tous et doit être payé par tous. Quand il s'agit de défendre l'indépendance nationale et sa propre liberté, un citoyen ne peut jamais remettre à d'autres le soin de le protéger, car ce droit devient alors celui de l'opprimer.

III

ORGANISATION DE LA FORCE PUBLIQUE.

L'instruction militaire est un corollaire de l'enseignement. Chaque citoyen sera instruit de manière à user rationnellement de ses forces. Les dangers qui peuvent menacer demain la Révolution veulent que les peuples soient à même de défendre leurs droits et leurs intérêts. A côté du collége, il y aura dans chaque commune :

Un gymnase ;

Une école de natation ;

Une école de tir ;

Une école d'équitation ;

Une salle d'armes, etc.

Dans notre système, l'organisation de la force publique est en rapport avec la nature des divers milieux géographiques. Les pays de plaines fourniront la cavalerie et l'artillerie, les contrées montagneuses donneront les corps spéciaux de tirailleurs-carabiniers, les pays intermédiaires l'infanterie, le bord des fleuves et les rivages de l'Océan fourniront les marins.

DISPOSITIONS GÉNÉRALES.

Le pacte social et l'exécution des lois sont placés sous la sauvegarde et la défense de tous les citoyens.

La force publique est composée des citoyens en état de porter les armes. Elle est divisée en trois catégories : 1° la milice ; 2° la réserve ; 3° la garde nationale.

La milice se compose des citoyens âgés de 20 à 30 ans. La réserve est formée des citoyens de 30 à 45 ans. La garde nationale comprend tous les Français âgés de 45 à 60 ans.

La force publique ne peut jamais être mise en campagne qu'en vertu d'un décret de l'assemblée nationale.

TITRE PREMIER.

Organisation de l'armée de terre.

MILICE.

ART. 1er.—Les jeunes gens de 16 à 18 ans, aptes au service, apprennent, dans leur commune, l'école du soldat et le maniement des armes. De 18 à 20 ans, ils sont exercés à l'école de peloton. A l'âge de 20 ans, ils devront être envoyés dans un camp, formé dans chaque division militaire, où ils apprendront, pendant un temps déterminé, l'école de bataillon, les évolutions de ligne, les grandes manœuvres et le service de campagne.

Nécessairement, la première année de cette organisation, tous les miliciens de 20 à 30 ans devront faire leur instruction militaire jusqu'à l'école de bataillon inclusivement.

Art. 2. — Tous les citoyens sont armés, équipés et habillés aux frais de l'État.

Art. 3. — La milice est organisée par *Compagnies, Bataillons, Escadrons* et *Batteries*.

Classification de la force publique.

L'armée de la République se compose :

1° Du corps d'état-major ;

2° Des troupes du génie ;

Sapeurs, mineurs et pontonniers.

3° De l'artillerie ;

Canonniers, soldats du train et soldats du parc.

4° De la cavalerie ;

Cavalerie légère et cavalerie de ligne.

5° De l'infanterie ;

Infanterie légère, infanterie de ligne, carabiniers-tirailleurs.

Les corps se divisent en compagnies, bataillons, demi-brigades, brigades et divisions, pour l'infanterie ; pelotons et escadrons, demi-brigades, brigades, divisions pour la cavalerie ; batteries pour l'artillerie.

INFANTERIE.

Le bataillon se compose de 8 compagnies. Chaque compagnie comprend :

1 capitaine,
1 lieutenant,
1 sous-lieutenant,
1 sergent-major,
1 sergent-fourrier,
4 sergents,
8 caporaux,
1 tambour,
2 clairons,
100 miliciens.

120

L'état-major du bataillon se compose :

D'un officier supérieur commandant,
1 adjudant-major,
1 chirurgien-major,
1 lieutenant-trésorier,
1 officier d'habillement, d'armement et d'équipement,
1 adjudant sous-officier,

1 chef de musique,
1 chef armurier,
1 chef tailleur,
1 chef cordonnier,
1 tambour-maître,
1 sous-officier chargé du service des correspondances.

La demi-brigade comprend 4 bataillons; son état-major comprend :

1 chef de demi-brigade,
1 capitaine-major.

La brigade se compose de 8 bataillons, son état-major se compose de :

1 chef de brigade,
1 capitaine d'état-major,
1 officier secrétaire.

La division est formée de deux brigades ; son état-major comprend :

1 général de division,
1 commandant d'état-major,
2 capitaines d'état-major,
1 officier secrétaire,
1 commissaire des vivres,
1 médecin-major.

Les divisions sur le pied de guerre comprendront, en outre, un officier supérieur des corps spéciaux.

CAVALERIE.

L'escadron se compose de 4 pelotons; le peloton comprend :

1 capitaine,
1 lieutenant,
2 sous-lieutenants,
1 maréchal-des-logis chef,
1 » fourrier,
4 maréchaux-des-logis,
8 brigadiers,
2 trompettes,
50 cavaliers.

———
70

L'état-major de l'escadron se compose de :

1 officier supérieur commandant,
1 chirurgien-major,
1 capitaine adjudant-major,
1 vétérinaire,
1 lieutenant-trésorier,
1 officier d'habillement, d'armement et d'équipement,
1 adjudant sous-officier,
1 maître armurier,
1 maréchal-ferrant,

1 maître sellier,
1 chef de musique,
1 sous-officier chargé du service des correspondances.

L'état-major de la demi-brigade comprend :

1 chef de demi-brigade,
1 capitaine-major.

L'état-major de la brigade se compose de :

1 chef de brigade,
1 capitaine d'état-major,
1 officier-secrétaire.

L'état-major d'une division comprend :

1 général de division,
1 commandant d'état-major,
2 capitaines d'état-major ;
1 officier-secrétaire,
1 commissaire des vivres,
1 médecin-major,
1 vétérinaire en chef.

Le génie, l'artillerie, le train, etc., restent organisés par compagnies et batteries, comme ils le sont actuellement ; néanmoins, ils sont soumis aux dispositions réglementaires précédentes.

Hiérarchie militaire.

L'échelle des grades comporte les degrés suivants :

Général de division,
Chef de brigade,
Chef de demi-brigade,
Chef de bataillon,
Capitaine,
Lieutenant,
Sous-lieutenant,
Adjudant sous-officier,
Sergent-major,
Sergent-fourrier,
Sergent,
Caporaux.

Nominations dans la milice.

Article premier. — Les nominations dans la milice ont lieu à l'élection, jusqu'au grade de général de division inclusivement.

Art. 2. — Les élections se font au scrutin secret de la manière suivante :

Art. 3. — Chaque compagnie nomme ses caporaux, qui sont pris parmi tous les hommes du bataillon, à la majorité absolue des voix.

Art. 4. — Les sergents, sergents-majors, sous-lieutenants, lieutenants et capitaines sont nommés par la compagnie et pris dans le grade immédiatement inférieur.

Art. 5 — Les adjudants sont choisis par les sous-officiers et caporaux du bataillon, et pris parmi les sous-officiers.

Art. 6. — Les adjudants-majors sont choisis par les officiers, sous-officiers et caporaux, et pris parmi les lieutenants et sous-lieutenants du bataillon.

Art. 7. — Les commandants de bataillon sont nommés par tous les miliciens du bataillon et choisis parmi les capitaines.

Art. 8. — Les chefs de demi-brigade sont nommés par la demi-brigade et choisis parmi les commandants de bataillon.

Art. 9. — Les chefs de brigade sont élus par tous les hommes de la brigade et pris parmi les chefs de demi-brigade.

Art. 10. — Les généraux de division sont nommés par tous les miliciens de la division et pris parmi les chefs de brigade.

Art. 11. — Aucune limite de temps n'est fixée pour passer du grade inférieur au grade immédiatement supérieur.

Art. 12. — Un comité est formé pour présider aux élections; il se compose de miliciens nommés par le bataillon, et qui organiseront eux-mêmes leur bureau.

Art. 13. — Les procès-verbaux de chaque nomination sont inscrits sur un registre spécial et signés par les membres du comité. Un double est envoyé au ministre de la guerre.

Art. 14. — Les élus aux places vacantes entrent en fonctions aussitôt que le résultat du scrutin est officiellement proclamé par le comité.

Art. 15. — Les élections se font dans les huit jours qui suivent la vacance.

Nomination des commandants en chef.

Art. 16. — Les commandants en chef, pris parmi les généraux de division, seront nommés par l'Assemblée nationale, dont ils devront exécuter la volonté, et qui pourra toujours les révoquer.

Néanmoins, dans les cas exceptionnels, l'assemblée pourra nommer au grade de commandant en chef, les officiers supérieurs qu'elle jugera utile.

États-majors de l'armée.

État-major général,
Id. du génie,
Id. de l'artillerie,
Id. de la cavalerie,
Id. de l'infanterie,
Id. de l'intendance,
Id. du service de santé,
Id. du matériel,
Id. des places fortes.

Chacun de ces états-majors sera nommé par les officiers de son corps, et se composera d'un nombre de titulaires en rapport avec les besoins du service.

Divisions territoriales.

ARTICLE PREMIER. — Le territoire de la République est partagé en trente divisions militaires, ayant chacune à sa tête un des généraux de division choisis parmi ceux de la circonscription et nommé par l'Assemblée nationale sur la présentation du comité de la guerre. Cet officier général commande et inspecte les forces militaires de la division.

Art. 2. — Chaque division est composée d'un nombre de subdivisions déterminé par le chiffre du contingent.

Écoles militaires d'infanterie et de cavalerie.

Article premier. — Il est formé dans chaque division des écoles gratuites, une pour l'infanterie et une pour la cavalerie, où l'on admet un nombre déterminé d'élèves, choisis au concours. On enseignera dans ces écoles l'art de la guerre et les sciences qui s'y rattachent.

Art. 2. — Après examen, il sera délivré aux candidats des brevets de capacité qui leur donneront le droit de concourir directement pour les grades d'officier.

Écoles d'état-major, d'artillerie et du génie.

Art. 3. — Il sera formé pour toute la République deux écoles de ces armes spéciales, dont les élèves seront choisis, brevetés et nommés comme à l'article précédent.

Loin de fixer la guerre comme but à l'activité des citoyens, notre enseignement militaire tend, au contraire, à la détruire en mettant chacun à même de profiter des avantages que nous offre la science pour retablir l'équilibre entre les forces intellectuelles et physiques, inégalement reparties aux hommes par la nature.

Codes militaires.

Article premier. — Le Code militaire et les conseils de guerre sont supprimés.

Art. 2. — Les militaires passibles de peines autres que celles disciplinaires, rentrent dans le droit commun et sont traduits devant la justice du pays.

Art. 3. — Un tribunal composé d'officiers, de sous-officiers et de soldats, est formé dans chaque bataillon pour juger toutes les fautes disciplinaires emportant une peine au delà de 8 jours de prison.

Art. 4. — Un conseil d'enquête est de même formé pour statuer sur la conduite d'un officier, sous-officier ou caporal, dans le cas où il se rendrait indigne de ses fonctions; toutefois, ce conseil ne peut prononcer que le renvoi du militaire inculpé devant les électeurs qui l'ont nommé.

TITRE II.

Réserve.

Article premier. — La réserve est composée des citoyens âgés de 30 à 45 ans. Son organisation est la même que celle de la milice.

Art. 2. — Les officiers, sous-officiers et caporaux seront élus de la même manière que dans la milice, mais ils devront être pris d'abord parmi ceux qui sortent de cette dernière catégorie.

Art. 3. — Dans la milice et dans la réserve, les officiers qui voudront conserver leur grade après la limite d'âge, auront la faculté de le faire, à moins qu'ils ne soient révoqués de leurs fonctions par leurs électeurs, ou qu'ils n'aient été placés dans la garde nationale par décision du comité supérieur.

TITRE III.

Garde nationale.

Article premier. — Tous les citoyens français âgés de 45 à 60 ans formeront la garde nationale.

Art. 2. — L'organisation de la garde nationale est la même que celle de la milice et de la réserve.

Art. 3. — Dans la garde nationale, tous les grades sont confiés à l'élection directe, sans que les candidats soient obligés de passer par les grades inférieurs.

Marine militaire.

Article premier. — Provisoirement, le personnel de la marine de l'État est conservé.

Art. 2. — A l'avenir il se recrutera au moyen d'engagements volontaires, d'une durée de 4 ans pour les citoyens de 18 à 25 ans, et de 6 ans pour ceux de 16 à 18 ans, jusqu'à concurrence de 200,000 marins.

Art. 3. — L'engagement des marins peut être renouvelé jusqu'à l'âge de 50 ans, mais ils ont droit à la retraite après 25 années de service.

Art. 4. — Les bâtiments de la marine du commerce devront être dorénavant construits selon les prescriptions de l'État, et leur personnel commandant soumis à l'acceptation de ce dernier.

Art. 5. — En cas de guerre, le personnel et le matériel de la marine marchande seront toujours à la disposition de la République pour la défense des côtes, et de l'indépendance du pavillon.

Art. 6. — En temps de paix, et toutes les fois qu'il sera possible de le faire sans nuire aux besoins du service, la marine de guerre sera utilisée pour le transport des marchandises, des voyageurs, et mise à cet effet à la disposition du commerce et de l'industrie.

Art. 7. — Des écoles de marine spéciales et en tous genres seront formées dans les circonscriptions navales de manière à créer, en nombre suffisant, des marins et des officiers pour répondre aux nécessités du service. L'entrée de ces écoles sera gratuite et les admissions auront lieu au concours.

Art. 8. — Les emplois à bord de chaque bâtiment de la marine de guerre seront conférés par l'élection, à la condition que chaque candidat élu soit pris dans le grade immédiatement inférieur, excepté cependant pour les enseignes de vaisseau, dont la moitié des emplois vacants sera réservée pour les élèves brevetés sortant des écoles navales, et suivant le numéro d'ordre de leur examen.

Art. 9. — Les amiraux et vice-amiraux seront nommés par l'Assemblée nationale sur la présentation de trois candidats, pour chaque vacance, désignés par le comité supérieur de la marine.

Art. 10. —Pour les équipages de la marine destinés à faire le service de terre, les nominations auront lieu à l'élection, comme pour la milice.

Art. 11. — Le Code pénal de la marine militaire est aboli; des règlements disciplinaires, en harmonie avec les institutions du pays, seront décrétés par l'Assemblée nationale, sur la proposition du conseil supérieur de la marine.

TABLEAUX COMPARATIFS

Entre le personnel et les dépenses de l'armée permanente actuelle et ceux de l'organisation démocratique de la force publique.

PERSONNEL DE L'ARMÉE DE TERRE EN 1865 (1).

États-majors, non compris ceux de l'artillerie et du génie.	1,832
Écoles militaires.	2,186
Invalides.	2,970
Gendarmerie à pied et à cheval, garde de Paris, vétérans (1 régiment et 28 légions).	26,520
Infanterie (119 régiments, dont 8 de la garde et 111 de ligne, dont 7 compagnies de discipline et sapeurs).	515,037
A reporter	548,545

(1) La plupart de nos renseignements sur le personnel et les dépenses de l'armée sont extraits de l'excellent ouvrage de M. Patrice Larroque : *De la guerre et des armées permanentes*. Paris, 1864.

Report.	548,545
Cavalerie (64 régiments, dont 6 de la garde et 58 de ligne, dépôt de remonte).	100,221
Artillerie (22 régiments, dont 2 de la garde et 20 de ligne, 48 compagnies de train d'ouvriers et d'armuriers).	66,007
Génie (1 division, 3 régiments et 2 compagnies d'ouvriers).	15,445
Intendance, médecins et pharmaciens, infirmiers, trains des parcs et des équipages.	33,365
Justice militaire.	4,389
Total.	767,770

Ce nombre de 767,700 hommes sur le pied de guerre peut être réduit à 400,000 sur le pied de paix.

PERSONNEL DE LA MARINE MILITAIRE.

État-major, officiers de tous grades.	2,258
Génie, hydrographie, commissariat, service de santé.	1,595
Maistrance et surveillance.	3,298
Équipages.	60,000
Gendarmerie, infanterie, artillerie, ouvriers, compagnies de discipline, chiourmes, etc.	26,879
Total.	94,030

Ce nombre de 94,030 hommes sur le pied

de guerre peut être réduit à 60,775 hommes sur le pied de paix.

Le personnel de la marine militaire, réuni à celui de l'armée de terre, forme un total de 861,800 hommes sur le pied de guerre et peut être réduit à 460,775 hommes sur le pied de paix.

L'effectif, sur le pied de paix, s'élève presque toujours au delà de 500,000 hommes.

DÉPENSES ANNUELLES DE L'ARMÉE.

L'armée de terre coûte.	585,540,053
» de mer coûte.	153,542,332
Total.	539,082,585
Intérêt de la valeur improductive du domaine et du matériel de la guerre.	176,000,000
Intérêt de la dette publique causée par la guerre.	503,960,292
Somme correspondante à la perte de travail des soldats et des marins.	150,000,000
Total.	1,369,042,677

Ces chiffres, extraits en grande partie des documents officiels publiés par le gouvernement, sont plutôt atténués qu'exagérés.

PERSONNEL DE L'ARMÉE

SOUS LE NOUVEAU SYSTÈME.

ARMÉE DE TERRE.

MILICE.

États-majors généraux, non compris ceux de l'artillerie et du génie.	5,000
Écoles militaires.	10,000
Gendarmerie à pied et à cheval.	10,000
Infanterie de ligne et carabiniers.	2,500,000
Cavalerie.	200,000
Artillerie, compagnies du train, d'ouvriers, etc.	85,000
Génie et compagnies d'ouvriers.	25,000
Intendance, médecins, pharmaciens, infirmiers, trains des parcs et des équipages, etc.	50,000
Total de la milice.	2,885,000
Réserve.	3,000,000
Armée mobile.	5,885,000
Garde nationale.	2,000,000
Ensemble de l'armée de terre.	7,885,000

PERSONNEL DE LA MARINE.

État-major, officiers de tous grades.	3,000
Génie, hydrographie, service de santé, commissariat.	2,000
Maistrance et surveillance.	3,500
Équipages.	151,500
Infanterie, artillerie, ouvriers, etc.	40,000
Total de la marine.	200,000
Report de l'armée de terre.	7,885,000
Ensemble de la force publique.	8,085,000

Le recensement de 1851 donne, pour la population mâle de 20 à 60 ans, un total de 9,332,188 hommes, L'annexion de la Savoie et l'augmentation constante de la population depuis cette époque, nous permettent de porter le chiffre à près de 10,000,000. Nous avons déduit un nombre d'environ 2,000,000 qui représente les hommes impropres au service. Dans notre système, les cas d'exemption sont beaucoup moins nombreux que dans le système des armées permanentes. Par exemple, les citoyens qui n'ont point la taille réglementaire, peuvent être employés comme infirmiers ou à d'autres services sédentaires.

DÉPENSES ANNUELLES DE L'ARMÉE.

L'armée de terre coûte (1).	100,000,000
» de mer.	60,000,000
Intérêt de la valeur improductive du domaine et du matériel de guerre.	100,000,000
Total.	260,000,000

En temps de paix, une partie du matériel de la marine, des corps du génie, de l'artillerie et de la cavalerie est employée dans l'agriculture, dans l'industrie et dans les travaux d'utilité générale.

COMPARAISON ENTRE LES DEUX SYSTÈMES.

PERSONNELS.

Armée nationale.	8,085,000
Armée permanente.	861,800
Différence en plus en faveur de l'armée nationale.	7,223,200

(1) Les dépenses pour l'armée de terre sont calculées d'après celles de l'organisation militaire suisse, dont les résultats favorables sont depuis si longtemps confirmés par l'expérience et la pratique. Pour satisfaire à toutes les exigences, nous avons ajouté $^1/_4$ en plus.

DÉPENSES.

Armée permanente.	1,369,042,677
Armée nationale.	260,000,000
Différence en moins en faveur de l'armée nationale.	1,109,042,677

L'ARMÉE EN 1868.

D'après le nouveau projet d'organisation présenté par le gouvernement et adopté par le corps législatif, la force publique se compose de l'armée active et de la réserve. L'effectif est de 800,000 hommes, dont 400,000 dans l'armée active et 400,000 dans la réserve. Une garde nationale mobile dont l'effectif s'élève à plus de 400,000 hommes doit concourir comme annexe de l'armée active à la défense des places fortes, des côtes et des frontières. Total 1,200,000 hommes. La France possède en outre 170,000 marins, faisant partie de l'inscription maritime et parmi lesquels on peut faire des levées en temps de guerre.

Il nous est impossible d'indiquer le montant des dépenses imposées au pays par la mise en pratique du nouveau système.

FORCES MILITAIRES DE L'EUROPE EN 1868.

TABLEAU DES ARMÉES DE TERRE ET DE MER DES DIFFÉRENTS PAYS.

	SUR LE PIED DE GUERRE. Hommes.
Russie.	1,200,000
France.	1,370,000
Prusse et confédérat. du nord.	1,000,000
Autriche.	785,000
Confédération du sud.	200,000
Italie.	500,000
Angleterre.	365,000 (et 250,000 volontaires)
Turquie.	256,000
Espagne.	272,000
Pays Danubiens.	150,000
Suède et Norwége.	182,000
Belgique.	86,000
Hollande.	98,000
Suisse.	(87,557, milices fédérales)
Portugal.	64,000
Danemark.	44,000
États-Romains.	15,000
Grèce.	31,000
	6,618,000

N'avons-nous pas raison de dire que l'Europe nous offre le spectacle d'un vaste camp retranché ? et que si la Révolution n'intervient pas nous sommes fatalement conduit à l'abîme, où s'effrondreront non-seulement la liberté mais toutes les conquêtes de la philosophie, toutes les garanties sociales qui font la puissance et la grandeur des peuples modernes.

L'institution militaire est évidemment transitoire, car une armée, même dans les conditions d'organisation que nous avons indiquées, est en opposition avec la raison et le progrès social. La formation des *Etats-Unis d'Europe* doit anéantir l'emploi de la force à l'extérieur et la solidarité des intérêts à l'intérieur en rendra son usage inutile. De toute part la conscience publique se soulève et proteste contre l'action destructive et l'inaction ruineuse des armées permanentes. Mais nous croyons que le désarmement universel ne se réalisera que par la mise en pratique des idées politiques et sociales que nous préconisons dans cet ouvrage.

CONCLUSION.

Depuis bientôt vingt ans que la France est livrée aux hommes du coup d'Etat, le despotisme et son cortége de lois liberticides n'ont cessé de répandre dans le monde leur sinistre et pernicieuse influence; mais, grâce à l'idée humanitaire, un souffle émancipateur parcourt les sociétés, la raison grandit, la conscience des masses s'éclaire, et chacun comprend aujourd'hui qu'une transformation sociale s'accomplit et qu'une explosion est imminente. Il devient donc urgent que tous les amis de la cause démocratique centralisent leurs efforts afin de hâter le nouvel enfantement. Mais, ce qu'il faut, ce n'est pas un rapprochement de circonstances, un compromis vague, une alliance de votes sans principes arrêtés et sans but déterminé; c'est l'identification des citoyens dans un idéal supérieur, qui satisfasse les aspirations communes et rassemblent en faisceau toutes les nuances du parti républicain socialiste. La fusion ne peut être utile et féconde qu'autant qu'elle s'effectue entre les hommes qui s'abritent sous le même drapeau. Au milieu des ambitions qui s'agitent, des intrigues qui se croisent, il importe que le peuple voie clair dans ses affaires et ne se laisse plus détourner du chemin de la Révolution. Nous ne serons forts que si nous avons la conscience de notre droit et de la supériorité de nos théories. Quelqu'incomplet que soit notre travail, nous le livrons à l'examen de nos amis, persuadé de l'importance qu'il y a d'aborder sans retard les problèmes dont la solution peut être exigée demain par les événements. De l'initiative en tout, de l'action partout et nous imprimerons aux idées de progrès et d'affranchissement une nouvelle et irrésistible impulsion. Chacun, dans la mesure de ses forces, doit contribuer à l'édification de l'avenir, car le règne des hommes providentiels passe et celui du peuple arrive.

FIN

TABLE DES MATIÈRES

En vente chez tous les Libraires.

OUVRAGES DU MEME AUTEUR.

BIBLIOTHÈQUE DU PEUPLE ET DES ÉCOLES.

Petit traité de connaissances à l'usage de tous, avec gravures. fr. 3 00

Notions sur l'astronomie, avec gravures. 1 00

Esquisse de l'Europe, avec cartes. 2 00

Éléments de géographie physique, avec grav. 0 75

La Révolution dans l'armée française : Élection des sous-officiers en 1849. — Journée du 13 juin 1849. — Organisation de la force publique sous le règne de la démocratie. fr. 1 50

Souvenirs d'un prisonnier d'Etat sous le second empire. Un vol. in-18. fr. 2 50

www.ingramcontent.com/pod-product-compliance
Lightning Source LLC
LaVergne TN
LVHW020409230826
846091LV00004B/1212

* 9 7 8 2 0 1 2 9 6 8 1 0 3 *